LETTRE

A

LE PRÉSIDENT DE LA RÉPUBLIQUE

CONCERNANT

LA CRISE FINANCIÈRE

ET

LES REMÈDES A Y APPORTER

PAR A. BEAURE

BANQUIER

PARIS

A LA LIBRAIRIE GÉNÉRALE

72, BOULEVARD HAUSSMANN

LETTRE

A M. LE PRÉSIDENT DE LA RÉPUBLIQUE

Il n'est personne qui ne se préoccupe plus ou moins des moyens de remédier aux désastres qu'a entraînés la déplorable guerre dans laquelle l'Empire nous a lancés avec tant d'imprévoyance et d'ineptie.

Permettez-moi donc de venir, en ce qui me concerne, soumettre à votre esprit si patriotique, si sagace et si expérimenté, les remèdes que me paraît comporter la situation, ainsi que les résultats qu'il me semble permis d'en espérer.

Je me propose de ne m'occuper ici que de la question financière.

— Il est généralement admis que la dernière guerre a entraîné pour la France une détérioration d'environ 12 milliards, dans l'ensemble de la fortune publique.

Sur cette somme, 5 milliards environ représentent la perte matérielle, résultant des dégâts et des dévastations subis par la propriété ; le surplus incombe plus spécialement à l'Etat et comprend les dépenses de la guerre jointes aux

5 milliards d'indemnité que nous sommes contraints de payer à la Prusse.

La France se trouve donc appauvrie de 12 milliards !...

Quel est, par contre, le montant de sa richesse ?

— On évalue la fortune de la France, et cette évaluation paraît reposer sur les données les plus sérieuses, à un capital de 180 à 200 milliards, produisant un revenu annuel de 12 milliards.

Sur ce revenu de 12 milliards, notre population, essentiellement laborieuse et économe, met de côté environ 2 milliards, dont elle grossit son épargne chaque année.

Telle est la situation générale, esquissée à grands traits, mais exacte au fond, de notre puissance économique et financière.

— Cette situation démontre, au premier coup d'œil, qu'il n'y a pas lieu de désespérer de l'avenir de notre pays et notamment de son avenir financier.

Le remarquable Message dont vous venez de donner communication à l'Assemblée nationale et au pays, est bien fait d'ailleurs, pour justifier cette confiance, et il permet d'entrevoir à quel niveau pourra atteindre le crédit de notre pays, alors que nos finances administrées par des mains honnêtes, seront dotées d'un amortissement annuel de 200 millions.

L'avenir, tel qu'il se présente à nous, même, après nos immenses désastres, n'offre donc rien de désespéré.

Loin de là.

Mais, si virile que soit notre confiance, si légitime que soit notre espoir, il n'en faut pas moins compter avec les difficultés présentes, et nul mieux que vous, qui en avez déjà surmonté un si grand nombre, n'est à même d'en apprécier l'étendue.

Oui, la France possède 200 milliards ; oui, la France jouit d'un revenu de 12 milliards ; mais la France n'en est pas moins, il faut bien le reconnaître et l'avouer, dans l'impossibilité de payer *à bout portant* la somme de 5 milliards.

— Pourquoi cela ?

— Parce que ces 5 milliards sont payables *à l'étranger* et que, comme vous l'avez fort bien dit dans votre Message : on ne peut payer ce qu'on doit à l'étranger que de deux manières, **ou en espèces métalliques, ou en marchandises.**

Permettez-moi, cependant d'en mentionner une troisième et d'ajouter : **ou en valeurs étrangères.**

Il n'est que trop évident que la France ne peut pas exporter dans l'espace d'un nombre d'années très-restreint, soit pour 5 milliards de marchandises, soit pour 5 milliards de numéraire, soit, en combinant les deux moyens, pour 5 milliards de marchandises et de numéraire réunis.

Elle possède bien un capital de beaucoup supérieur à cette somme, mais ce capital ne possède pas de valeur *courante* à l'étranger, si ce n'est dans une très-faible portion, et cette portion même, indispensable pour nos propres échanges, ne peut disparaître subitement sans provoquer une crise désastreuse.

— Il ressort de cet ensemble de faits, que la France, tout en étant plus que solvable pour payer les 5 milliards, est néanmoins dans l'impuissance quasi-absolue de les payer d'une façon brutale et immédiate.

— Quelque avantageuse que soit pour elle, grâce à son travail, la balance de l'exportation, cette balance forme un excédant limité.

Quelque riche que soit son stock monétaire, elle ne peut exporter radicalement et totalement les 5 milliards en espèces qui circulent chez elle. Quelque part enfin qu'on emprunte même aux deux contingents ci-dessus, leur réunion ne suffit pas encore pour arriver à compléter ce chiffre formidable de 5 milliards.

Il faut donc, à mon avis, recourir au troisième moyen que j'ai pris la liberté de vous signaler: **Payer en valeurs étrangères** ; — c'est-à-dire payer la Prusse avec l'argent de la Prusse même, de l'Allemagne, de l'Autriche, de l'Italie, de l'Espagne, de la Turquie, de l'Egypte, de l'Angleterre et des deux Amériques.

Notre pays, industrieux, laborieux et économe, a placé sur les fonds et dans les entreprises de ces différents Etats, un capital qu'il est permis d'évaluer, sans exagération, à la somme de 4 à 5 milliards environ. C'est-à-dire qne, par un fait en quelque sorte providentiel, notre rançon était amasssée d'avance, avant d'avoir été compromise et gaspillée dans les folles aventures.

Cependant une difficulté se présente ici :

— Qui doit payer les 5 milliards ?

— C'est l'Etat.

— Qui possède les valeurs étrangères ?

— Ce sont les particuliers.

L'Etat n'est donc pas maître absolu de disposer de ces valeurs et des sommes qu'elles représentent à l'étranger, mais il est maître, du moins, de prendre les mesures qui doivent avoir pour résultat infaillible d'assurer l'accomplissement de ses vues.

Il n'a pour cela, qu'à frapper les valeurs étrangères d'un droit plus ou moins élevé, mais suffisant pour atteindre le résultat voulu.

L'Autriche et l'Italie (l'Espagne se prépare à en faire autant, bientôt), ont pris sur elles de retenir à nos capitalistes, sous prétexte d'impôts, une partie des revenus qu'elles s'étaient engagées à leur servir en échange de leurs prêts.

La France a, tout au moins, le droit d'en faire autant pour sa propre conservation, et elle a sur eux, selon moi, l'avantage de pouvoir invoquer des motifs infiniment plus honorables.

Mais, pourra-t-on objecter, cette belle rivalité ne s'exerce, en définitive, de part et d'autre, qu'aux dépens des malheureux capitalistes, qui vont se trouver spoliés de toutes parts.

Or, tous les intérêts sont respectables et toutes les injustices sont condamnables.

— Mais, est-ce donc une si grande injustice que de dire à un capitaliste :

—Vous avez plus de confiance dans le crédit de l'étranger que dans celui de votre propre pays, soit, vous êtes libre; mais alors payez.

Si vous ne voulez pas payer, vous vendrez vos titres; mais ce faisant, vous ne serez pas encore bien à plaindre, car par suite des circonstances, il se trouve que vous allez pouvoir vendre très-cher votre Rente italienne, vos Chemins de fer autrichiens, lombards, espagnols, etc., tandis que vous pourrez les remplacer à très-bas prix par de bonnes Rentes françaises, ou par des actions de Lyon, du Nord, etc., qui ont toutes plus ou moins baissé, et qui, toute vanité nationale à part, ne craignent pas la comparaison avec les valeurs citées plus haut.

Vous avez donc chance de faire d'abord une bonne affaire, et ensuite de sauver l'Etat d'une crise dont il est impossible que quelque chose n'eût pas rejailli tôt ou tard sur vous. Ce langage me paraîtrait à la fois juste et sensé, et je crois, par conséquent, inutile de m'étendre davantage sur la légitimité et la convenance de la mesure que je propose.

— Quant à ses effets, ils sont faciles à saisir.

— Que les capitalistes français soient amenés à vendre une moitié seulement des valenrs étrangères qu'ils possèdent, voilà de suite 2 milliards disponibles pour les payements à faire à la Prusse; et en y joignant 1 milliard et demi de numéraire et 1 milliard et demi de marchandises, les 5 milliards se trouvent complétés, sans que nous subissions aucune crise.

Les Etats voisins sentiront, il est vrai, les

effets de cette énorme exportation de valeurs ; mais outre qu'elle ne s'opérera pas d'un seul trait, il est évident que la crise, si crise il y a, perdra de son intensité en se généralisant.

Du reste j'avoue que ma philanthropie, quoique très-réelle au fond, me laisse en assez médiocre souci de ce qui pourra advenir ailleurs, pourvu que mon pays sorte d'abord sain et sauf des périls qui l'environnent et qui semblent vouloir l'accabler de tant de côtés à la fois !

Je me résume et je dis : la France est encore riche et robuste ; si robuste qu'elle a supporté une perte de 5 à 6 milliards dans sa propriété foncière sans qu'il y paraisse en quelque sorte. Mais il y a une perte qu'elle ne peut supporter aussi facilement, parce que cette perte est représentée par un capital spécial, qui s'appelle capital roulant.

Ce capital roulant, elle ne peut se le procurer qu'en réunissant dans un triple faisceau : du numéraire, des marchandises et des valeurs étrangères, en faisant un bloc du tout et en le jetant à ses âpres vainqueurs, avec un soupir qui ne sera pas seulement de regret, mais aussi de soulagement.

Une perturbation financière aussi grave que celle dont nous sommes témoins ne pouvait s'accomplir, même dans ses débuts, sans que la situation économique de notre principal établissement de crédit en fût profondément affectée.

La Banque de France, en effet, a dû être autorisée à donner cours forcé à ses billets.

Cette mesure grave, mais nécessaire, tient à deux causes qui sont : l'Emprunt contracté par l'Etat envers cet établissement, et les exportations de numéraire destinées au paiement de notre rançon à l'étranger.

— Il est résulté de cette situation, un état de choses déplorable pour la production et pour le commerce, et ce n'est pas parce que les inconvénients qui existent pourraient être beaucoup plus graves encore, qu'il convient de les nier ou de les dissimiler.

Ces inconvénients, d'ailleurs, pourraient être, à mon avis, considérablement atténués et je vais dire comment.

— N'avez-vous pas été frappé, Monsieur le Président de la République, de l'anomalie étrange résultant de ce fait, que la prospérité de la Banque se trouve être précisément en raison inverse de la prospérité de l'Etat et de celle des particuliers?

Le fait est indéniable, car il existe, et il provient selon moi, d'une erreur économique.

L'Etat et la Ville sont venus dire successivement à la Banque : nous avons besoin de 1400 millions; prêtez-les nous.

La Banque les a prêtés avec beaucoup de patriotisme et sans hésiter.

Mais l'Etat a bonifié 3 0/0 à la Banque pour ce prêt de 1400 millions, et comme la Banque se trouvait, par suite de son avance, quelque peu gênée, elle a pressuré sans souci le commerce, auquel elle a fait payer son escompte jusqu'à 6 0/0.

Tout cela est-il bien juste, bien logique et bien équitable ?

Je ne le crois pas, car voilà la situation réciproque des parties intervenantes et cette situation n'autorise en rien les agissements suivis.

La Banque de France est investie d'un privilége, privilége qui ne la dispense en rien de l'obligation de rembourser ses billets à vue et en espèces. Cette obligation entraînait, pour la Banque, la nécessité souvent onéreuse de maintenir un encaisse évalué à un tiers au moins du montant de sa circulation.

Or, le jour où l'Etat est venu dire à la Banque de France : je vous autorise à donner le cours forcé à vos billets, il lui a conféré *ipso facto*, un second privilége juxtaposé au premier et ce privilége, d'une importance considérable, méritait en faveur de l'Etat des avantages qu'il eût été sage de stipuler et qu'il est encore temps de stipuler.

En effet, l'Etat venait apporter à la Banque l'appoint de son immense crédit, sans lequel le billet de Banque ne trouverait cours nulle part dans les conditions actuelles ; il la faisait jouir, d'une façon indépendante de lui, mais réelle cependant, d'une circulation nouvelle où le billet venait remplacer la monnaie manquante, car, si la France a besoin de 6 milliards, par exemple pour ses échanges, le jour où la portion de monnaie métallique qui concourt à former ces 6 millards, vient à diminuer, il s'en suit nécessairement que la portion de billets en circulation doit augmenter proportionnellement.

Or, c'est la Banque qui profite de l'accroissement de circulation dû à cette double circonstance : que l'Etat a dû exporter du numéraire et qu'il lui a concédé la faveur de substituer à ce numéraire, des billets ayant cours forcé.

De ce que l'accord est ici nécessaire entre l'Etat et la Banque, il n'en résulte pas que cet accord ne doive profiter qu'à un seul, c'est-à-dire à la Banque.

En réalité, celle-ci n'a droit pour son avance à l'Etat, qu'à la somme de frais représentant la fabrication et l'usure de ses billets.

Elle n'a pas droit à beaucoup plus, à l'égard du commerce et je vais encore le prouver.

— Si je considère le bilan de la Banque et que je l'analyse, qu'y vois-je ? Comme vous le faites remarquer avec beaucoup de raison dans votre Message, un passif parfaitement balancé par son actif. Mais cela, c'est l'enveloppe extérieure.

Allons au fond des choses. Qu'y trouvons-nous ? Que le capital de la Banque, qui s'élève à 182,500,000 francs est employé dans sa presque totalité en rentes donnant un revenu, et que tout le surplus, tout ce avec quoi elle travaille, se compose de **l'argent des autres.**

L'encaisse ? Il appartient aux dépôts et comptes courants qui l'avaient déposé avant le cours forcé et qui n'ont plus la faculté de le reprendre que sous forme de papier.

Le portefeuille ? Papier qui représente des produits en cours de consommation, en échange duquel la Banque donne d'autre papier qui lui coûte juste les frais de fabrication et d'impression.

— Ainsi du reste. — Certes, je ne prétends pas que tout ce qui se passe actuellement soit le résultat du hasard, ou le fait exclusif du privilége. Le grand crédit que la Banque a su mériter par une longue série de mesures prudentes, habiles et souvent même patriotiques, y a largement contribué.

Je suis prêt à rendre le plus sincère hommage aux actes de la Banque de France en général; mais j'ose prétendre que, alors qu'elle jouit du cours forcé, elle n'a droit de prendre au commerce qu'un taux d'intérêt équivalent au montant de ses frais généraux joints aux frais de fabrication de ses billets, le tout augmenté d'une prime d'assurance pour les risques très minimes qu'elle encourt en escomptant le papier de commerce.

Cette manière de voir est-elle juste?

Qui donc hésiterait à répondre oui?

Mais, pourrai-t-on objecter : elle est juste tant que vous voudrez ; mais elle est en tout cas, très dangereuse.

Il est reconnu que le bon marché développe la consommation; si la Banque escompte à 2 0/0, on va lui présenter des milliards à l'escompte, sa circulation ne suffira pas si on la limite, ou bien dans le cas contraire, elle prendra un développement hors de proportion avec les besoins réels que peuvent comporter les échanges.

A cela je réponds par avance : sur le premier point, qu'on aurait tort de limiter d'une manière trop étroite la faculté d'émission de la Banque, et sur le second point, qu'un billet de commerce représente toujours un produit commercial réalisable à bref délai; que la Banque sait très bien reconnaître et éliminer les billets qui n'ont pas ce caractère; or, comme on ne crée pas des produits à volonté, le stock des billets représentant les échanges commerciaux, sera toujours forcément limité et maintenu dans un rapport exact avec les besoins de la circulation.

Si ces besoins augmentent, cela ne prouvera qu'une chose, le développement si souhaitable et si nécessaire de notre production, développement qu'il sera toujours facile de ramener, lorsque le besoin s'en fera sentir, aux strictes limites indiquées par la prudence.

— En un mot, il existe constamment un rapport intime, étroit et nécessaire, entre les forces productives et les besoins de la circulation.

—Qu'on tente, par un abus de pouvoir et par des émissions exagérées, de forcer l'étendue de cette circulation, le billet de Banque se dépréciera aussitôt, *quelle que soit d'ailleurs l'excellence des garanties matérielles sur lesquelles il repose.*

Ce mal, il est facile de l'éviter et on saura l'éviter; mais il ne faut pas que la crainte de l'encourir permette à la Banque de pressurer le commerce et de limiter la production, en imposant un droit de 6 0/0 à l'échange d'un papier contre un autre papier.

— Je conclus, Monsieur le Président de la République, et je termine cette trop longue lettre en disant :

— Le législateur doit tendre à faire vendre à nos capitalistes leurs valeurs étrangères, à ramener la Banque à ses attributions, en lui faisant réaliser à propos ses rentes, en lui interdisant les avances sur titres, en réduisant à une commission de 1/2 0/0 le taux de ses avances à l'Etat et en l'invitant à réduire à 2 ou 3 0/0 le taux de l'escompte aux particuliers.

La Banque d'Angleterre, qui paie en métal et qui est obligée de défendre son encaisse contre les pays où l'argent est plus cher que chez elle, ne prélève guère davantage et je ne sache pas qu'elle redoute aucun cataclysme.

— Tels sont en substance, les idées que j'ai cru devoir vous soumettre et qui lorsqu'elles auront été étudiées, modifiées, amendées au besoin par un esprit aussi éminent et aussi pratique que le vôtre, me paraissent de nature à produire un certain bienfait.

Je serais heureux s'il peut en être ainsi, d'avoir apporté ma petite pierre au grand et noble édifice que vous tendez à restaurer et dont vous avez su déjà rétablir les principaux fondements, malgré tant d'embarras et de difficultés !

J'ai l'honneur d'être, Monsieur le Président de la République,

Votre très-respectueux serviteur.

A. BEAURE,

Banquier, 1, rue du Quatre-Septembre.

Imprimerie de PAUL DUPONT, rue J.-J.-Rousseau, 41.

www.ingramcontent.com/pod-product-compliance
Ingram Content Group UK Ltd.
Pitfield, Milton Keynes, MK11 3LW, UK
UKHW021119290826
14628UKWH00014B/3101

9 782016 123812